T0056242

Este diario pertenece a:

....

Se ha hecho todo lo posible para atribuir correctamente las fuentes de cada una de las citas de este libro. Cuando cualquiera de ellas se ha editado por brevedad o claridad, se ha tratado de mantener la intención original del autor. En algunos casos han sido obtenidas de fuentes secundarias, incluso los sitios web a continuación. Hemos intentado garantizar la exactitud de las citas y creemos que todas ellas son fidedignas, por lo que no somos responsables de cualquier inexactitud. Por favor, póngase en contacto con nosotros si observa alguna imprecisión y nos esforzaremos por hacer cualquier corrección que consideremos necesaria en ediciones futuras.

Para las citas en inglés de la edición original, expresamos nuestro agradecimiento y reconocimiento a:

www.brainyquote.com, www.great-quotes.com, www.greatest-quotations.com, www.litquotes.com, www.motivationalquotes.com, www.quotationsbook.com, www.quotesandsayings.com, www.quotegarden.com, www.quoteland.com, www.quoteworld.org, www.thinkexist.com, www.wisdomquotes.com, www.worldofquotes.com

La edición en español presenta las citas en traducción libre.

GRUPO NELSON
Una división de Thomas Nelson Publishers
Desde 1798

Si supiera que el mundo habría

de caer a pedazos mañana,

yo igual **plantaría** mi manzano.

Martín Lutero

Baila como si nadie

te estuviera mirando.

Ama como si nunca te hubieran herido.

Canta como si nadie pudiera oírte.

Vive como si el cielo estuviera aquí en la tierra.

Anónimo

Cuando la **inspiración** no viene hacia mí,
yo salgo a buscarla y nos encontramos
a mitad de camino.

Sigmund Freud

No pases por la vida.
Crece a lo largo de ella.

Eric Butterworth

El verdadero **secreto** de la felicidad
es que sientas genuino interés por todos
los detalles de la vida cotidiana
y los eleves para hacer de ellos un arte.

William Morris

La **esperanza** es una cosa con plumas
que se posa en el alma y canta
una melodía sin palabras,
sin dejar de cantar jamás.

Emily Dickinson

No se trata de cuán grande es el perro en la pelea,

sino del tamaño de la **pelea** en el perro.

Mark Twain

¿Para qué **vivimos**, sino para hacer

que la vida les sea menos difícil a los demás?

George Eliot

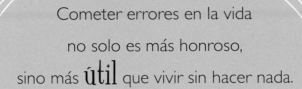

Cometer errores en la vida

no solo es más honroso,

sino más **útil** que vivir sin hacer nada.

George Bernard Shaw

Recuerda que si alguna vez **necesitas** una mano,

encontrarás una allí donde termina tu brazo.

A medida que vayas creciendo descubrirás que tienes

dos manos: una para ayudarte a ti mismo

y la otra para ayudar a los demás.

Sam Levenson

Pelea, hasta el último aliento.

William Shakespeare

Mantengo mis ideales porque a pesar de todo sigo **creyendo** que hay bondad en el corazón de las personas.

Ana Frank

Recuerda que cuando el camino de la vida es empinado, tienes que mantener tu mente llana.

Horacio

El mundo es una rueda:

todo girará para bien al **final**.

Benjamin Disraeli

He podido leer la expresión de tu rostro como si fuera un libro, que si no fuera por los problemas y las penas jamás lograríamos conocer siquiera la mitad de todo lo **bueno** que hay en nosotros.

Charles Dickens

Lo que resultó difícil de soportar llega a convertirse en un **dulce** recuerdo.

Séneca

La salud es el mayor **regalo**.

El contentamiento

es la más grande riqueza.

Y la fidelidad es la mejor de las relaciones.

Buda

¿Hay cosa más dura que la piedra

o más blanda que el agua?

Sin embargo, el agua puede horadar la dura piedra.

¡Persevera!

Ovidio

Mira a la tortuga.

Solo puede **avanzar** cuando arriesga

el pellejo y saca su cabeza.

James Bryant Conant

La única discapacidad que puede tenerse en la vida es una mala actitud.

Scott Hamilton

La vida no consiste en que te toquen buenas cartas sino en que **juegues** bien con las cartas que tengas.

Josh Billings

Tenemos que estar dispuestos

a dejar ir la vida que **planeamos**

para poder vivir la vida que

nos está esperando.

Joseph Campbell

No juzgues cada día

por lo que cosechas sino

por las semillas que **siembras**.

Robert Louis Stevenson

Es en nuestros momentos más oscuros
que tenemos que concentrarnos para ver la luz.

Aristotle Onassis

La vida se nos hace más difícil

cuando vivimos para los demás.

Pero también se nos hace más **rica** y feliz.

Albert Schweitzer

Los campeones están hechos de algo
que tienen dentro, en lo más profundo:
un deseo, un sueño, una visión.

Mohamed Ali

Con una sola vela puedes encender
otras miles, y no acortarás la vida de esa misma.
La felicidad que se comparte jamás
se **desgasta**.

Buda

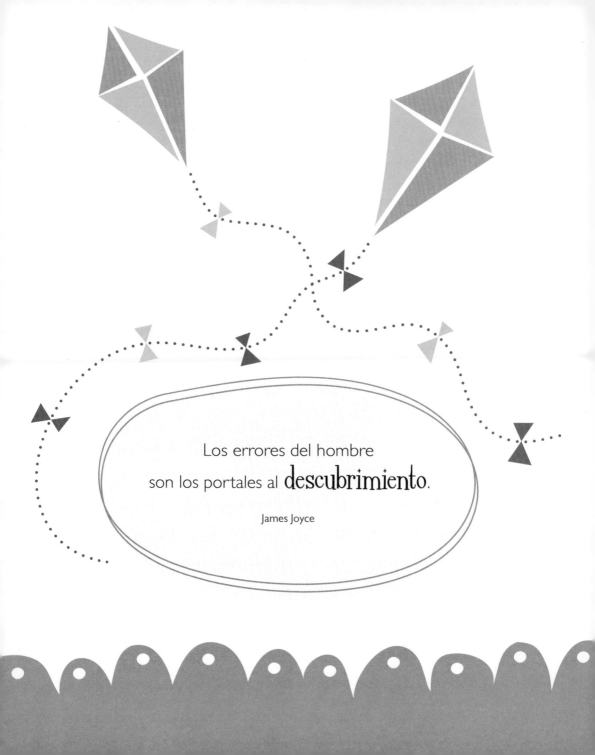

Los errores del hombre
son los portales al **descubrimiento**.

James Joyce

El conocimiento es poder y energía,

pero se enciende con el interruptor:

el **entusiasmo**.

Ivern Ball

Capacidad: lo que eres capaz de hacer.

Motivación: lo que determina qué harás.

Actitud: lo que determina si lo **harás** bien.

Lou Holtz

La fortuna favorece al valiente.

Virgilio

Repite esto siempre: lo que construye al hombre no es la ayuda sino los **obstáculos**, no es la facilidad sino la dificultad.

William Mathews

Hasta un error puede llegar a ser esa sola
cosa que hace falta para alcanzar
un logro que valga la **pena**.

Henry Ford

Casi todos nuestros obstáculos

desaparecerían como la niebla

si en lugar de temerlos decidiéramos

atravesarlos con valentía.

Orison Swett Marden

Lo esencial no es ganar,

sino haber peleado **bien**.

Pierre de Coubertin

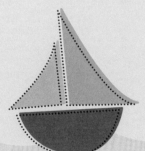

La búsqueda de la **excelencia** te motivará.

La búsqueda de la perfección será una desilusión.

Harriet Braiker

Asegúrate de **visualizar**

lo que de veras quieres,

y no lo que otros quieren para ti.

Jerry Gillies

El objeto de la dificultad no es **desalentarte**,

sino hacer que te levantes.

William Ellery Channing

Para alcanzar el éxito necesitas algo

a qué aferrarte, algo que te motive

y algo que te inspire.

Tony Dorsett

Soy artista al punto que puedo usar

mi **imaginación** con libertad.

La imaginación es más importante que el conocimiento.

El conocimiento es limitado.

La imaginación puede dar la vuelta al mundo.

Albert Einstein

Los obstáculos no pueden aplastarme.

Cada obstáculo cede ante la firme **resolución**.

Quien se aferra a una estrella no cambia de idea.

Leonardo da Vinci

La suerte podrá hacer que alcances

alguna meta cada tanto.

Pero solo podrás alcanzar el éxito consistente

si **amas** lo que estás haciendo.

Bart Conner

No lograrás nada excelente

ni grande si no **escuchas** ese susurro

que solo tú puedes oír.

Ralph Waldo Emerson

Quien pueda seguir esforzándose

cuando el esfuerzo causa dolor,

ese será quien gane.

Roger Bannister

Fíjate en aquel día que al terminar

te provoca suprema satisfacción.

No es un día en que has estado sin hacer nada,

sino el día en que tenías tanto para hacer,

y lo hiciste.

Margaret Thatcher